LA MORT DE MARDI-GRAS,

TRAGI-COMEDIE.

OU

COMEDIE faite pour pleurer,

OU

TRAGÉDIE pour rire,

En un Acte et en Vers, par des Membres de l'Académie de Cocagne.

A PARIS;

DE L'IMPRIMERIE DE CARNAVALLO,
rue de la Bonne-Morue.

1809.

PERSONNAGES ET COSTUMES.

MARDI-GRAS, *couronné de saucisses, serviette à la boutonnière, bouteille en main, ventre énorme.*

CARÊME, *couronné de mâches, perruque de haricots enfilés.*

MERCREDI son Confident, *perruque de mâches, sac à poudre pendu à une bandouillère de carottes.*

FRICOTEAU, Confident de Mardi-gras; *il a au côté deux cuisses ou deux pilons de dindon en sautoir.*

Conseillers. { BŒUFGRAS, TRANCHELARD, BEDAINE, LOURDIS, } *Ils ont tous une robe noire, un rabat long et une bouteille pendue au côté.*

DINDONNEAU, fils de Mardi-gras.
MESMER, Médecin de Mardi-gras.
JEANNOT, Laquais de Mardi-gras.
Un FACTEUR de la petite Poste.

Suite de Mardi-gras.	*Suite de Carême.*
PORCFRAIS.	MAIGRELET.
L'ANDOUILLE.	PLATEMINE.
BOMBANCE.	POISCHICHE.
TAMPON.	QUATRE-TEMS.
AVALE-TOUT.	VENDREDI.
RIBOTTE.	HARIDEL.

La Scène est dans une Salle à manger.

LA MORT
DE MARDI-GRAS.

SCÈNE PREMIÈRE.

MARDI-GRAS, (*vient les bras croisés, l'air pensif.*)
FRICOTEAU, (*entre en se suçant les doigts.*)

FRICOTEAU (*étonné.*)

Que vois-je ! quel objet !... dois-je en croire mes yeux !
Mardi-Gras ! oui, lui-même ; à cette heure en ces lieux !
Quoi ! lorsque des goujats la nombreuse cohue
S'égaudit, & pour vous en ce jour s'évertue.
Quand boudins & dindons roulent de tous côtés,
Que faites-vous ici, Seigneur, les bras croisés ?

MARDI-GRAS.

Épargne à ma bedaine un si cruel reproche···
Oui : c'en est fait... allons... vîte ma grande broche.

(*Il veut se tuer.*)

FRICOTEAU.

Ah ! vous tuer à jeun ! mais vous n'y pensez pas !
Quoi ! le sang des héros, l'illustre Mardi-gras,
Descendrait au tombeau la panse mal garnie ?
Ah ! mourez, s'il le faut, mais sans ignominie.

MARDI-GRAS.

Tu veux donc que je vive ; ami, si tu pouvais

De ce large eſtomac ſonder les plis ſecrets,
A combien de ſoucis, tu le verrais en proie.
Hélas ! pour Mardi-gras, non, il n'eſt plus de joie.

FRICOTEAU (*vivement.*)

N'eſt il plus de gigots, n'eſt il plus de ragoût ?
Nos jambons, nos pâtés ont-ils perdu leur goût ?
Navarre, Mathurin, Carabi, Sauſſe-fine,
Auraient-ils cette nuit déſerté la cuiſine ?
Auriez-vous de vos dents perdu le double rang ?

MARDI-GRAS.

Non : mes dents à ma bouche attachées fortement
Me promettent encor long & loyal ſervice.
D'andouilles, de boudins, grâces au ciel propice,
De dindons, d'aloyaux, nous regorgeons ici,
Le tout aſſaiſonné du plus ferme appétit.
Je ſuis vieux il eſt vrai, mais aux bouches bien nées
L'appétit ne craint pas le nombre des années.

FRICOTEAU.

Qui peut donc altérer...

(*Mardi-gras veut répondre, mais Fricoteau l'interrompt.*)

      Chut ! gardez le ſecret :
Morbleu ! ſi vous parliez, la piéce finirait.
Vous ne ſavez donc pas que dans la tragédie
C'eſt tout au bout qu'enfin le ſecret s'expédie.
Laiſſons donc, s'il vous plaît, l'auditeur en ſuſpens :
Gardons-nous d'y laiſſer nos mâchoires, nos dents.
Le cœur vous en dit-il ? moi, je ne vis pas d'air ;
Pour la troiſième fois je m'en vais déjeûner.

SCENE II.

CARÊME (*a la voix aigre, l'air décharné.*)
MERCREDI (*il n'a encore que sa perruque.*)

CARÊME (*suivant de l'œil les Acteurs précédents.*)

Allez, maîtres goutons, allez bourrer vos panses,
Ah ! nous verrons la fin de toutes ces bombances...
Non, non : je n'y tiens plus... quel enfer, quel cahos !
Ici les jours entiers se passent en fricots :
La nuit festins nouveaux, de plus bel on commence,
On tient jusqu'au matin la bachique séance,
Et le soleil levant les voit le lendemain
Le gigot à la bouche, & le verre à la main...
Pour ces goinfres grossiers, enfoncés dans la fange,
L'instant seul du bonheur est l'instant où l'on mange...
Le jeûne est en horreur chez ce peuple glouton,
On s'y croit honoré d'une indigestion.
Encor, s'il paraissait par-ci par-là sur table
D'un ragoût succulent le maigre délectable !
Mais non !... les malheureux dédaignent le poisson ;
Le moëlleux haricot passe pour un poison !
Et, si vous ne voulez, qu'au moins l'on ne vous hue,
N'allez pas prononcer le nom de la morue ;
Le merlan fait frémir, la raye est en horreur ;
Le nom seul de hareng fait soulever le cœur.
Le hareng ! le hareng ! ah, vous en tâterez !
Oui, oui·· mes beaux messieurs, plus que vous ne voudrez.
Voit-on jamais ici figurer la limande,
La mâche, l'épinard, l'omelette friande !...
Mais félicitons-nous, ô mon cher Mercredi ;
Il est malgré leurs dents, en ce palais maudit,
Gens à pâle minois, ventre plat, maigre échine,
Qui se font un honneur de haïr la cuisine ;

Le nombre n'eſt pas grand ; mais formés par nos ſoins,
Pour n'être pas ſi gras, ils n'en valent pas moins.
Va ! mon cher Mercredi, va ! le ſecond moi-même,
Va trouver Quatre-tems, Hareng-ſaur, Mi-carême,
Déja tous en ſecret d'un fauſſet maigre & dur
M'ont juré pour la vie un attachement ſûr :
Va trouver auſſi ceux dont la demi-bedaine
Entre nous & Mardi, flotte encor incertaine ;
Je les dégreſſerai, j'en ferai des héros
A n'avoir dans deux jours que la peau ſur les os ;
Par vingt plats de lentille échauffe leur vaillance ;
Mais je compte bien plus ſur ta mâle éloquence.

   MERCREDI (*tout fier.*)

Par tous les haricots ! oui, maigre majeſté,
Mercredi vous promet hommage & loyauté.

CARÊME (*lui met une bandouillère de carottes à laquelle*
   eſt ſuſpendu un ſac à poudre.)

Aigle de Jupiter, tu porteras ſa foudre :
Je te fais intendant des magaſins à poudre.
Poudre ſainte, terrible, elle n'éclate pas,
Mais ſon effet eſt ſûr au milieu des combats.
L'on vient, retirons-nous...

SCENE III.
FRICOTEAU, MARDI-GRAS.

FRICOTEAU.

Oh ! les bons choux au lard,
Que depuis quelque tems nous fait manger Picard !

MARDI-GRAS.

Parbleu ! qu'un déjeûner eſt un bon antidotte
Pour ceux qui, par dépit, vont à propos de botte,
Se crever la bedaine, & ſe défreſſurer !...

FRICOTEAU.

N'avez-vous pas, ſeigneur, un ſonge à nous narrer ?

MARDI-GRAS.

A propos, oui, vraiment, & le plus horrifique
Qui soit jamais sorti d'un cerveau poétique.
   Après un long repas, un sommeil gracieux
Avait sous ses pavots appésanti mes yeux.
Quand encor, tout rempli de sa douce fumée,
A table je tenais ma place accoutumée.
Je mangeais, je buvais, & déja pour ma part
J'avais vidé cent brocs pleins d'un mousseux nectar;
Déja trente dindons, victimes innocentes,
Avaient un peu calmé mes entrailles criantes.
Quand j'ai vu tout-à-coup, après un grand fracas,
Entrer dans mon palais trois cents maigres goujats;
Un grand squelette nu s'avançait à leur tête.
Je m'armai de courage, & bravant la tempête,
Au moyen d'un gigot fortement élancé
Je croyais voir leur chef à mes pieds terrassé.
Il s'avance vers moi d'un œil sombre & sévère,
Et sur tous mes gigots jette un œil de colère.
J'allais pour le frapper, ô prodige soudain,
Je sens mon aloyau s'échapper de ma main,
Et ne retrouve plus qu'un horrible mélange
De pois, de haricots, tels qu'un avare en mange;
De harengs, de goujons & de merlans hideux,
Que les pauvres soldats se disputaient entr'eux.
Dans ce trouble cruel, ma bedaine affaissée,
Semblait se conformer à ma triste pensée:
Tout mon corps ébranlé d'horreur a tressailli,
Et le songe a fini par un torticoli.

FRICOTEAU.

Bravo, seigneur, le songe est tout-à-fait tragique,
Rien n'y manque, ma foi; un style emphigourique,
Des vers bien empoullés, un spectre bien hideux,

Des menaces, des cris, des préfages affreux;
Mais vous avez, feigneur, péché dans le coftume:
Un fantôme tout nu, ce n'eft pas la coutume.
Je l'aurais tout au moins habillé de lambeaux,
D'un funèbre linceuil échappé des tombeaux,
Et de crêpes bien noirs barbouillés de fumée;
C'eft la robe de chambre, en tout tems ufitée,
Qu'une ombre lentement doit traîner après foi:
Pour rêver décemment, faut me confulter, moi.
Nous ferons critiqués, feigneur, à toute outrance;
Que va dire Saint-Ange au Mercure de France?
Dans fon défunt journal que va dire Fréron?
Comment répondrons-nous?...

MARDI-GRAS.

A grands coups de bâton.

FRICOTEAU.

Oh! je ne crains plus rien, & je vais à ma guife,
Courir au dénouement de bêtife en bêtife.

SCENE IV.

MARDI-GRAS, FRICOTEAU, un FACTEUR de la petite pofte, (*faifant aller fa crécelle.*)

FRICOTEAU.

Eh! qui vive?...

LE FACTEUR.

Eft-ce ici le feigneur Mardi-gras?

MARDI GRAS (*montrant fa bedaine.*)

Regarde ici, maraud, ne diftingues-tu pas?...

(*à Fricoteau.*)

Cet homme eft muficien?...

FRICOTEAU.

Sans doute...

MARDI-GRAS.
                    la musique
Est assez de mon goût...

LE FACTEUR.

                    Seigneur, la foi publique
Depuis plus de vingt ans se repose sur moi ;
Je sers en même-tems, catins, hommes de loi,
La cuirasse, le froc, la robe & la livrée :
A la ville, à la cour, j'ai par-tout libre entrée ;
Mes mains sont l'entrepôt des sottises du jour,
Petits vers, plats journaux, lettres, billets d'amour.

MARDI-GRAS.

Viens-tu nous mettre ici l'esprit à la torture ?
Va porter, mon ami, ton énigme au mercure,
Vite le mot...

LE FACTEUR.

                    Eh bien ! sauf votre bon plaisir,
Je suis Facteur, messieurs, & prêt à vous servir.
Voilà... (*Il présente une lettre à Fricoteau.*)

FRICOTEAU.

Qu'appelles-tu ? sous le gourmand empire
Du Prince Mardi-gras, j'oserais savoir lire ?

MARDI-GRAS (*à qui le Facteur remet la lettre.*)

A moi... Bon !... encor mieux... Va, garde ton chiffon,
Lis-nous en à-peu-près la teneur & le fond.

LE FACTEUR.

Agréez, s'il vous plaît, mon excuse civile ;
L'honneur, mes hauts emplois, m'appellent par la ville.
Quand un Prince, aux Facteurs, prescrit des attentats,
Nous décampons bien vîte & n'obéissons pas.

(*Il dit ces deux derniers vers à demi-voix.*)

SCÈNE V.

MARDI-GRAS, FRICOTEAU.

Tant de foins à la fois me font tourner la tête···
Mais, pour en revenir au fonge; il m'inquiète···
Je voudrais bien favoir ce que peut préfager
Un fonge avec lequel je ne faurais manger.

FRICOTEAU.

Seigneur, je ne pourrais l'expliquer tout de fuite,
Si j'étais Médecin, je le faurais bien vite.
Sans rien vous demander, fans rien examiner
Un Médecin toujours eut l'art de deviner.

MARDI-GRAS.

J'en connais un pourtant···

FRICOTEAU.

Je veux bien vous en croire.

MARDI-GRAS *(remuant la tête.)*

Qui n'eft pas grand forcier, à ce que dit l'hiftoire.
Qui vous tue un malade, & qui devine après
Qu'il eft mort d'avoir bu des liqueurs à l'excès.

FRICOTEAU.

Bon···

MARDI-GRAS.

Il croit que l'on eft dupe d'un tel menfonge···

FRICOTEAU.

Mais, revenons un peu, Seigneur, à votre fonge :
Vous voudriez favoir le fens qu'il peut cacher,
Ne vous tourmentez pas l'efprit pour le chercher.
Vous avez des amis, gens experts & fort fages,
Bien fourrés, gros & gras, & fur-tout bons vifages,

MARDI-GRAS.

Bon ! dis-leur qu'au palais ils se rendent bien vite,
Qu'un cas des plus preſſants exige leur viſite.
Pars.

FRICOTEAU.

Non : ſi je partais, l'action languirait.

MARDI-GRAS.

Pars, te dis-je, pour deux je vais faire les frais;
Ou bien, chemin faiſant, dis au docteur qu'il vienne;
Je vais faire avec lui la ſixième ſcène.

SCÈNE VI.

MESMER, MARDI-GRAS.

MESMER.

On dit que d'un ſouper les aliments rétifs
N'ont cédé qu'avec peine à leurs ſucs digeſtifs.
Parlez, Seigneur, faut-il que je vous magnétiſe ?

MARDI-GRAS.

Au diable ! j'ai plutôt beſoin qu'on m'exorciſe ;
Car j'ai vu cette nuit le grand diable d'enfer;
Mais parlons d'autre choſe ici, docteur Meſmer.
Avec tous vos ſecrets, tous vos beaux aphoriſmes,
Votre anneau, votre doigt & tous vos magnétiſmes;
Je n'ai pas, ma bedaine eſt là pour l'atteſter,
D'un ſeul morceau de plus augmenté mon ſouper.

MESMER.

Oui··· mais···

MARDI-GRAS.

Mon appétit eſt ſans ceſſe le même.
Montrez-moi donc le fin de ce fameux ſyſtême.

MESMER.

Le fin ! d'anéantir vos docteurs Bridoifons,
De profcrire à jamais tous leurs doctes poifons,
Frappant du même coup la caffe & l'émétique,
Subftituer l'effet de mon doigt magnétique :
De l'Hipocrate ancien réformer les arrêts...

MARDI-GRAS.

Laiffez-là, croyez-moi, ces frivoles projets :
Si je ne puis manger, que m'importe la vie ?
Pour moi point de milieu, mort ou fanté fleurie.
De tels exploits, Mefmer, font peu dignes de vous :
La cuifine, c'eft là qu'il faut porter vos coups ;
Il y règne aujourd'hui les goûts les plus barbares.
Tout eft dégénéré... les grands maîtres font rares ;
L'état eft en péril... De vains colifichets
Succèdent fur la table à ces robuftes mets,
Qu'avec tant de plaifir, favouraient nos ancêtres.
Profcrivez ce faux goût des gourmands petits-maîtres...
Ont-ils donc oublié, ignorent-ils les fots,
Qu'un plat n'eft jamais bon s'il peut être plus gros ?
Tirez cet art divin du fond de fes ruines ;
Je vous fais infpecteur de toutes mes cuifines,
Trouvez-moi par quel art, à table jour & nuit,
On peut toujours manger fans perdre l'appétit ?
Vous qui, de notre corps, connaiffez la ftructure,
Donnez au genre humain une recette fûre,
Qui le mette en état d'expédier fans façon,
En moins d'un tour de main, une indigeftion.

MESMER.

Seigneur, j'ai votre affaire ici dans mon grimoire,
Et m'en vais de ce pas en dreffer un mémoire.

SCÈNE VII.

MARDI-GRAS (*seul.*)

Dieu merci! je n'ai point ici perdu mon tems.
Le bon coup! convertir un docteur au bon sens:
Cet homme se perdait; dans son art homicide
Ce n'était qu'un brigand, un assassin perfide...
Celui qui des humains se rendait la terreur,
Grace à moi, Mardi-gras, devient son bienfaiteur.

SCÈNE VIII.

MARDI-GRAS, FRICOTEAU, BŒUF-GRAS, LOURDIS, TRANCHELARD, BEDAINE.

MARDI-GRAS.

Entrez, je vous attends avec impatience.

TRANCHELARD.

Quand arriveront donc nos jambons de Mayence?

BŒUF-GRAS.

Amiens n'a pas encore envoyé ses pâtés?

FRICOTEAU.

Eh bien! voilà-t-il pas d'excellents conseillers!

LOURDIS (*begayant.*)

Et nos chapons du Mans?...

FRICOTEAU (*avec dépit.*)

                Il s'agit d'une affaire
Que vous ignorez tous, mais qu'on sait au parterre...
C'est du bon!... mais jamais on ne doit répéter;
Je vais donc à l'oreille, à chacun la conter.

(*Il la leur conte à l'oreille.*)

LOURDIS (*bègue.*)

Al-la donc··· c'eſt bien clair, que ces meſſieurs fantômes
Ne doivent pas venir tapager chez les hommes.

BŒUF-GRAS (*ſe lève auſſi pour donner ſon avis.*)

Oui : ledit récit dont je n'ai compris mot ;
J'opine, & ſuis d'avis··· qu'on apporte le rôt.

FRICOTEAU.

Bravo! ſire Bœuf-gras, voilà ce qui s'appelle
Répondre juſte, *ad rem*··· oh! la bonne cervelle!

BEDAINE.

Ah! vous êtes trop bon! ſouffrir que des fagots
Viennent inſolemment troubler votre repos.

LOURDIS (*toujours bégayant.*)

Sans doute, cependant, mais, dans ce cas énorme
Ne précipitons rien, & procédons en forme.
Il faut *primo*, ſommer ledit ſpectre infernal
A venir comparaître à votre tribunal ;
Secundo, qu'à huitaine il nous vienne en perſonne,
Apporter de ſon fait raiſon valable & bonne,
Faute de quoi ſerait icelui décrété,
Comme atteint, convaincu de lèſe-majeſté.

TRANCHELARD (*ſe lève auſſi, &c.*)

Sauf un meilleur avis : de ce ſpectre effroyable
Nous pouvons entre nous faire un aſſez bon diable.
Sans doute de long-tems il n'avait déjeûné :
(Ce tour ne peut venir que d'un homme affamé.)
Eh bien! faiſons venir deux jambons de Mayence,
Trois gigots (pour rimer) d'aſſez bonne apparence.
Venez ici, venez, ſeigneur Cacodémon ;

(*En faiſant cette apoſtrophe il a l'air de voir le fantôme.*)

Goûtez de ce gigot, tâtez de ce jambon···
Boit-on chez Lucifer de ce vin délectable ?
Va! tu ne perdras pas au changement de table.

Je bois à toi l'ami... (*En difant cela il boit un coup.*)
FRICOTEAU.
L'avis eſt bel & bon ;
Mais il faut avant tout, débrouiller ce chiffon.
(*Il leur donne la lettre.*)
TRANCHELARD.
Ah! voilà pour un jour bien de la tablature.
(*En difant cela on voit qu'il a envie de dormir, auſſi bien que les Conſeillers, toutes-fois Lourdis mettant ſes lunettes.*)
LOURDIS.
Ça, je vais, ſi je puis, vous en faire lecture.
(*Ici il commence à lire, mais en naẓillonnant.*)
» Un monſtre plus cruel cent fois que la harpie,
» Carême... contre vous forme d'affreux projets ;
» Il a déja féduit preſque tous vos ſujets,
» Et demain Mardi-gras perd le trône & la vie. »
MARDI-GRAS (*indigné.*)
Mornom de ma bedaine!... un traître dans ma cour !
Qu'on l'amène à mes pieds ! qu'il périſſe en ce jour !...
BEDAINE.
Oh! pour moi, j'ai toujours ſuſpecté ce Carême.
LOURDIS.
Je l'avais bien dit, moi, que ce viſage blême...
(*Auſſitôt les Gardes de Mardi-gras vont ſaiſir Carême, & le livrent à Fricoteau, qui le fait comparaître devant Mardi-gras.*)

SCÈNE IX.
MARDI-GRAS, FRICOTEAU, CARÊME.
MARDI GRAS (*emploie les voies de douceur.*)
Un bruit aſſez étrange eſt venu juſqu'à moi,
Seigneur, je l'ai jugé trop peu digne de foi.

On dit... & sans horreur je ne puis le redire;
Qu'aujourd'hui sous vos coups le Carnaval expire.
Que vous-même étouffant tout sentiment humain,
Vous voulez l'immoler de votre propre main.
On dit! que me comptant au nombre des victimes,
Vous mettez, par ma mort, le comble à tous vos crimes;
Et que de mes sujets tyran audacieux...
(La rime ne vient point, ô sort malencontreux.)
Eh bien ! qu'en dites-vous ? que faut-il que j'en pense ?
Ne ferez-vous point taire un bruit qui vous offense ?

CARÊME (*avec fierté.*)

Seigneur, je ne rends point compte de mes desseins;
Vous ignorez encor mes ordres souverains :
Mais il est bientôt tems que je vous en informe,
A vous, comme au parterre, il faut l'apprendre en forme.

MARDI-GRAS.

Ah ! je sais trop le tort que vous me réservez.

CARÊME.

Pourquoi le demander, puisque vous le savez ?

MARDI-GRAS.

La belle question ! pourquoi je le demande ?
Pauvre Carême, hélas ! que ta sottise est grande,
Parce que je le sais le public le sait-il ?
Et ne faut-il donc pas...

CARÊME.

Le détour est subtil...
Mais allons : à l'envi disons-nous des sottises ;
Au public ébahi ménageons des surprises,
Et jouant les grands airs & les grands sentimens,
Mendions d'un coup d'œil les applaudissemens...
Hem !...

MARDI-GRAS.

Oui ; mais commençons : Perfide, ingrat Carême,

Qui t'a donné le droit de me tuer ?...

CARÊME.

Toi-même;
Je fais tous tes desseins, je connais tes forfaits,
Mais pour les arrêter tous mes braves sont prêts.
Je veux dans tous les lieux abolir ton empire,
Oui : je veux aux mortels faire dire & redire :
» Dans ces lieux autrefois Mardi-gras a paru,
» Il déplut à Carême & Mardi-gras mourut.
Bon !... voilà du sublime, eh bien ! mon auditoire !

MARDI-GRAS.

De mes bienfaits, ingrat, tu perds donc la mémoire ?
Eh ! ne sais-tu donc pas que trahissant ta foi,
Tu trahis ton monarque, & qui plus est ton roi...

CARÊME *(tirant un Eustache de sa poche.)*

Quand un prince est tyran le remède est facile.

FRICOTEAU *(faisant le bon valet.)*

Veux tu bien rengaîner ton Eustache, imbécile.

CARÊME.

Dois-tu parler ici ?...

FRICOTEAU.

Tiens ! je suis confident ;
Je dois bien dire au moins un mot de tems en tems.

MARDI-GRAS.

Carême, écoute-moi ; je pourrais de ton crime
Tirer une vengeance honnête & légitime.
Mais de tes noirs complots je veux te détourner,
Je pourrais te punir, je veux te pardonner...
Allons, soyons amis, Mardi-gras t'en convie ;
Quoique ennemi secret, je te sauve la vie.
Je connais aujourd'hui ton perfide dessein,
Je te la donne encor comme à mon assassin;

CARÊME.

Va, garde tes bienfaits ! que m'importe ta grace ;
Ah !... c'eſt peut-être à toi qu'il faut que je la faſſe...
Mais, ſi tu veux, faiſons publiquement la paix.

MARDI-GRAS.

Eh quoi ! je recevrais la paix de mes ſujets !...
Quel ſerait le garant, réponds-moi, ſi tu l'oſes,
De cette horrible paix qu'ici tu me propoſes ?
Il faudrait un otage ; & tu ſais bien qu'hélas,
Par la mort de ſon fils Mardi-gras n'en a pas...

CARÊME.

Eh bien ! je l'ai ce fils... oui, connais un myſtère,
Dont ſeul dans l'univers je ſuis dépoſitaire.
Tu pleures ton enfant... il vit... mais pas pour toi.

MARDI-GRAS.

Ciel !... nature !... ô mon fils !... Fricoteau ſoutiens-moi...
Il vivrait !... c'eſt de toi qu'il faut que je l'apprenne !

CARÊME.

Nourri dans ma cuiſine, il m'a ſervi ſans peine...

MARDI-GRAS.

Mon fils dans ta cuiſine !... il pourrait te ſervir ?

CARÊME.

De pois, de haricots j'ai daigné le nourrir.

MARDI-GRAS.

De pois, de haricots !... qu'il craigne ma colère ;
Qu'il ne paraiſſe pas ſous les yeux de ſon père !

CARÊME (*d'un ton moqueur.*)

Ah ! ſeigneur, n'uſez pas de tant de violence.

MARDI-GRAS.

Qu'il n'approche jamais...

CARÊME.

Eh ! la reconnaiſſance !

Le plus beau de la piéce alors ferait manqué···
Mais, il n'eſt pas ſi maigre, il n'eſt pas efflanqué;
Et quoiqu'un peu moins gras, on connaît à ſa mine
Qu'il n'a pas démenti ſon illuſtre origine.

   MARDI-GRAS.

Mais, dis-moi donc comment il s'appelle.

   CARÊME.

        Oh! que non,
L'intérêt ceſſerait ſi l'on ſavait ſon nom.
Je vais vous l'envoyer : jouez bien le tragique :
Paraiſſez plus abſtrait & plus mélancolique;
Pleurez ſur-tout··· criez, à tors comme à travers;
Et pour le reconnaître attendez trente vers.

SCÈNE X.

MARDI-GRAS (*ſeul d'un air d'indifférence.*)

Me voici reſté ſeul, ainſi je dois l'attendre.
Voici donc la cuiſine où mon fils va m'entendre;
Qu'il ſoit digne de moi, qu'il ne démente pas,
Même dans ſa maigreur, le nom de Mardi-gras.

SCÈNE XI.

MARDI-GRAS, DINDONNEAU.

   MARDI-GRAS (*à part.*)

Le voici !·· vers mon cœur tout mon ſang ſe retire···
J'oublie, en le voyant, ce que je dois lui dire···

   DINDONNEAU (*à part auſſi.*)

Je ne ſais pas pourquoi mon cœur me dit tout bas
Quelque choſe à l'aſpect du ſeigneur Mardi-gras.

   MARDI-GRAS.

Venez··· Ciel! c'eſt lui-même. Approchez cette chaiſe,

Vous ferez pour parler beaucoup plus à votre aife.
Je vous aime, Seigneur, & vous me haïssez.
Vous êtes dans ma cour & vous me trahissez.
Toujours les yeux cavés & le visage blême,
Vous suivez les drapeaux du perfide Carême...
Vous bravez ma bedaine, & vous pouvez penser
Combien un tel affront a droit de m'offenser.

DINDONNEAU.

Je ne le cèle point, Carême a su me plaire ;
Mais dût cent fois le jour m'accabler sa colère,
Je vous dirai tout net que mon cœur ébranlé,
Par vos derniers discours se sent un peu troublé.
A vos fiers ennemis j'ai donné ma parole.
Déja l'instant est pris pour que je vous immole,
Mais cela m'est égal... prévenez ma fureur...

(*Il déboutonne sa veste.*)

Qui peut vous retenir ?

MARDI-GRAS.

La nature, mon cœur !...
Connais, ingrat, connais le sang que tu m'opposes :
Sais qui tu peux haïr !... & poursuis si tu l'oses...
Je suis ton père...

DINDONNEAU.

Vous !... & qui donc vous l'a dit ?
Je ne m'en doutais pas...

MARDI-GRAS.

Ni moi non plus, mon fils;
Que cet événement cesse de te surprendre,
Carême tout à l'heure est venu me l'apprendre.

DINDONNEAU.

Je me sens en effet bien digne d'être à vous.
J'embrasse votre ventre au lieu de vos genoux,

Mais, ô tourment cruel ! ma parole est donnée ;
Au maigre Mercredi cette main l'a jurée.
Je vais être aujourd'hui, par un sort plein d'horreur,
Parricide ou parjure, assassin ou trompeur.
Ô mon père !... ô ma foi publiquement jurée !...
Entre vous, tour à tour, mon ame est déchirée.
Je ne me connais plus !... tonnez sur moi, grands dieux.

MARDI-GRAS.

Le sublime, mon fils, est par fois ennuyeux.

DINDONNEAU.

Je pourrais ajouter, pour affaiblir mon crime,
L'ignorance où mon cœur···

MARDI-GRAS.

    Mon fils, point de sublime.

DINDONNEAU.

Eh bien ! donc connaissez mes secrets sentiments,
J'ai ma gloire à sauver···

MARDI-GRAS.

    Tu fais l'homme à romans.
Si mon fils me chérit, que mon fils le hasarde,
De manger avec moi cette bonne poularde ;
Alors de Mercredi tous les nœuds sont rompus,
Alors il te déteste, & ne te connait plus.

DINDONNEAU.

Quoi ! pour sauver mon père, il faut être parjure !
Non : sachons allier l'honneur & la nature···
Je voudrais bien, seigneur, pouvoir vous obéir ;
Mais le crime jamais ne peut être un plaisir···
J'ai d'un côté mon père, avec une poularde ;
De l'autre ma parole, il faut que je la garde.
Un homme tel que moi n'a pour père & pour fils,
Que la vertu, l'honneur, les loix de son pays.
J'embrasse avec horreur une vertu cruelle,

J'en frémis à vos yeux ; mais je lui suis fidèle.
Et si le sort voulait que mon malheureux bras
Attentât sur mon père au milieu des combats,
Je saurais par ma mort me punir de mon crime,
Et vous ne seriez pas ma dernière victime.

MARDI-GRAS.

J'en serai bien plus gras, lorsque tu seras mort...
Dindonneau ! quel démon t'aveugle sur ton sort ?
Ah ! trop cher ennemi, tigre que je caresse,
Enfant dénaturé, qu'endurcit ma tendresse,
Disparais pour jamais... va... tu n'es plus mon fils.

DINDONNEAU.

Vous badinez, papa ; mais, dans tous les pays,
On est fils de son père, est-ce donc plus la mode ?

MARDI-GRAS.

Morbleu !... laisse-moi donc finir ma période...
Carême, unique objet de mon ressentiment...
Toi, qui m'ôtes un fils chéri si tendrement ;
Carême qui t'aveugle, & que ton ventre adore ;
Carême qui te plaît, que je hais plus encore ;
Puisse-tu, pour punir ce fils dénaturé,
Verser tous tes poisons dans son sein égaré ;
Puisse-tu dans lui seul concentrer l'amertume
Que répandent au loin tes funestes légumes;
Puisse-t-il voir souvent, sans y porter les dents,
Des jambons de Mayence & des chapons du Mans ;
Et pour lui souhaiter tous les malheurs ensemble,
Qu'il mange avec toi seul, t'imite, & te ressemble.

SCÈNE XII.
DINDONNEAU.

O SORT trop rigoureux ! un père me maudit !...
Sans rien diminuer de son vaste appétit,

Dans un si grand malheur c'est ce qui me console:
Mais... Carême est là bas, il m'attend, & j'y vole...
Que faire ici tout seul avec les spectateurs?
Il faut bien faire aussi place aux autres acteurs.

SCÈNE XIII.

(JEANNOT *vient balayer la scène, & prépare un fauteuil.*)

(*On entend derrière le théâtre un cliquetis de broches, de marmites, mêlé de cris.*)

Ah! ah! l'on est aux mains... si le dieu des ripailles
Etait aussi le dieu qui préside aux batailles...
Mais non... tous nos efforts d'ailleurs sont superflus;
Je sais de bonne part que nous serons vaincus.
C'est le plan de l'auteur, il n'en veut pas démordre.
Maudit original... il m'a signifié l'ordre
De préparer ici le grand fauteuil à bras,
Pour recevoir, dit-il, le mourant Mardi-gras.

SCÈNE XIV.

JEANNOT, BEDAINE (*tout essoufflé.*)

BEDAINE.

Que fais-tu donc ici tandis que l'on dégaine,
Maraud!...

JEANNOT.

N'est ce donc rien que de garder la scène?

BEDAINE.

A la bonne heure... ô ciel! tout est perdu, messieurs.
A peine Mardi-gras avait quitté ces lieux,
Soudain.. de tous côtés.. on crie alerte.. aux armes.

Le héros intrépide au milieu des alarmes,
Monté fur fon fubtil, s'avance fierement
La lechefrite en tête, & la lardoire au vent.
La croûte d'un pâté lui fervait de rondache;
Sur fa tête ondoyait un dindon en panache.
Les deux camps animés par un courage égal,
De la charge à l'inftant font donner le fignal.
Les archers de Carême, avant que l'on fe mêle,
De haricots fur nous font pleuvoir une grêle.
Nous ne ripoftons pas à ce brufque falut...
Soudain nous dégaînons : mais... qui l'aurait prévu ?
Contre leurs os pointus, nos broches émouffées
Les effleuraient à peine, & tombaient fracaffées.
Le foldat en pâlit : dans ce défordre affreux
Paraît de Mercredi le bataillon poudreux;
Mardi-gras l'apperçoit, pique des deux, s'élance,
Et l'abbat à fes pieds d'un revers de fa lance.
Mais bientôt Mercredi, fquelette coriace,
Se relève en faifant une horrible grimace.
Vous euffiez alors vu ce démon furieux
Nous preffer en jettant fa poudre par les yeux;
Vous euffiez vu nos gens reculer en déroute,
En fe frottant les yeux & n'y voyant plus goutte.
Mardi-gras éperdu vers les fuyards s'élance :
« A moi, dit-il, enfans héros de la bombance,
» Vîte, tournez à droite. » Il dit, & dans l'inftant
La troupe tourne à gauche & s'enfuit en jurant.
Nous l'avons vu longtems armé d'une marmite
Rappeler les vaincus, s'oppofer à leur fuite,
Et pour les ranimer étaler à leurs yeux
Des lauriers fufpendus à des jambons fumeux.
» Amis, où fuyez-vous ? votre audace intrépide
» Céde aux faibles efforts de ce peuple timide,
» Et vous n'ofez braver, armés de cent gigots,

» Des fufils remplis d'air, bourrés de haricots. «
Il dit, & tout rempli d'une jufte furie,
Il fait à fes foldats donner de l'eau-de-vie;
Mais, malgré ce renfort, les foldats haraffés
Succombaient de fatigue & d'efforts épuifés.
Cependant la victoire indécife, incertaine,
Sans pouvoir fe fixer voltigeait dans la plaine;
Quand un canon chargé de ces pois monftrueux,
Que l'arrière faifon fournit aux malheureux,
Vient frapper Mardi-gras tout droit à la bedaine.
Le héros s'abbat, tombe & roule fur l'arêne.
Les Carêmiens, témoins de notre affreux revers,
De cris victorieux font retentir les airs;
L'on fuit de toute part : dix de nos fiers-à-bras
Roulent comme un paquet, emportent Mardi-gras.
       (*en pleurant.*)
Mais pleurez donc, Meffieurs, à ce récit funefte.

SCENE XV.

(*On apporte Mardi gras mourant.*)

TRANCHELARD, MARDI-GRAS, FRICOTEAU, SUITE.

MARDI-GRAS (*d'une voix éteinte.*)

DE mon pâté d'hier qu'on m'apporte le refte,
Je ferai foulagé par la colation,
Et je mourrai du moins d'une indigeftion.
       (*Tranchelard court à la cuifine.*)
Je veux me fignaler fous la dent de la Parque.
Approchez, & voyez mourir votre monarque.
       (*La fcène retentit de fanglots.*)
Amis, féchez vos pleurs, pourquoi plaindre mon fort?
Je meurs, mais en mangeant, & de ma belle mort.

Quoi! vaudrait-il donc mieux, que sujet de Carême;
Je survive à ma gloire, à mon ventre, à moi-même;
Que la mort me surprît en vulgaire héros,
Au milieu des harengs, des pois, des haricots.
Jusqu'au dernier inftant je veux donner l'exemple,
Je fens renaître en moi l'appétit le plus ample...

   TRANCHELARD *(revenant de la cuifine.)*

Ah! feigneur, le buffet eft conquis tout entier,
J'ai vu de nos jambons emporter le dernier,
Et l'infolent vainqueur, par le droit de la guerre,
A vos dents aujourd'hui ne laiffe rien à faire;
Je n'ai fauvé qu'à peine un chetif cervelas
Echappé par hazard à la main des foldats.

   (*Il préfente le cervelas à Mardi-gras.*)

   MARDI-GRAS.

Donne, ami Tranchelard, l'heure fuit, le tems preffe;
Mettons bien à profit les inftans qu'on nous laiffe.

   (*Tous fe rangent autour de lui & le regardent manger en fan-*
    glottant.)

   FRICOTEAU *(après un moment de filence.)*

Il n'eft plus... c'en eft fait... fon dernier mouvement,
O trépas glorieux! fut un grand coup de dent.

   TRANCHELARD,

Du plus grand des gourmands voilà donc ce qui refte!
Ses fouliers, fon habit, fa culotte & fa vefte.

   (*Il découvre la bedaine de Mardi-gras.*)

Voyez, là du revers d'un énorme merlan
Le barbare Carême a déchiré fon flanc;
Là de hideux harengs lancés par des mains fûres
A fa bedaine ont fait de profondes bleffures.
Plus loin de haricots un baril tout entier
A porté dans fon fang un poifon meurtrier.
Mais que vois-je? l'horreur! un morceau de morue!

Ah! c'est mourir deux fois, ah! détournons la vue.
   (Après un instant de reflexion.)
Tu ne mourras pas seul, généreux Mardi-gras.
    (En se retournant.)
Des chaises, qu'en tombant on ne se blesse pas.
    (au domestique.)
Jeannot, va nous tirer la meilleure blanquette,
Je ne veux pas mourir avec de la piquette.
   (On apporte une coupe remplie de vin empoisonné, il
   regarde derrière lui pour voir si sa chaise est bien placée
   pour tomber juste dessus, il a l'air de s'essayer ; il porte
   la coupe à ses lèvres, & la retire en soupirant.)
Douloureux souvenir ! voilà le gobelet
Que l'illustre défunt vous vuidait d'un seul trait.
   (Il boit, & passe la coupe aux autres.)

SCENE XVI & dernière.

CARÊME, ses Troupes & deux Conseillers de Mardi-gras qui n'ont pas encore eu le tems de s'empoisonner.

CARÊME.

Où sont....

UN DES DEUX CONSEILLERS.

   De les tuer épargnez-vous la peine,
Chez eux déjà la mort coule de veine en veine.

CARÊME.

Maigrelet, Quatre-tems, saisissez ces marauds,
Qu'ils avalent la mort avec des haricots.

VAUDEVILLE.
Air : de Figaro.

MARDI-GRAS reſſuſcitant.

En dépit de mon courage
La mort vient de me faiſir ;
Dans les enfers, quel dommage,
Plus de mets, plus de plaiſir ;
Mais ſi de votre ſuffrage
Je puis boire le nectar,
Meſſieurs, je renonce au lard.

CARÊME.

On voudrait c'eſt choſe ſûre
Que Mardi-gras m'eût vaincu ;
Mais, à ſa déconfiture,
Certains clercs n'ont pas perdu.
Depuis longtems je vous jure,
Même les jours qu'ils font gras,
Je préſide à leurs repas.

FRICOTEAU reſſuſcitant.

Dans l'art de la confidence
Peu de mortels ſont verſés,
Et ce métier d'importance
Veut des talens exercés ;
Uſez donc de ma ſcience,
Et ſi chacun eſt content
Faites-m'en le confident.

TRANCHELARD *reffufcitant.*

Grace à mon trifte breuvage,
Je croyais, j'avais grand tort,
Que bientôt, felon l'ufage,
J'allais terminer mon fort ;
Mais j'avais votre fuffrage,
Et je fens que le plaifir,
Peut empêcher de mourir.

DINDONNEAU.

Les auteurs prennent pour plaire
Des chemins tout bifcornus ;
C'eft toujours quelque myftère,
Quelques enfans reconnus ;
Mais fi l'on n'eft point févère,
Meffieurs, dans un autre fens,
Nous ferons reconnaiffans.

LOURDIS (*bégayant.*)

Qu'on fe difpute la pomme
Pour un orgueilleux couplet ;
Pour moi je fuis un bonhomme,
Je vais rondement au fait ;
Tout cela veut dire en fomme,
Pour le déclarer tout net,
Que mon rôle eft très-bien fait.

MERCREDI.

Vainqueur par ma poudre brune,
Je joue un rôle important ;

Ma recette est fort commune
Chez nos doctes d'à-présent,
Aujourd'hui l'on fait fortune
En jettant, à tout propos,
De la poudre aux yeux des sots.

MESMER *(avec un tablier de cuisine.)*

A ce souris je devine
Que mon changement vous plaît;
Suppôts de la médecine,
Croyez-moi, c'est votre fait;
Descendez à la cuisine,
Docteurs qui ne savez rien,
Chacun s'en trouvera bien.

LE FACTEUR.

Je suis le facteur des belles,
Des gens d'esprit & des sots,
Et je fournis les ruelles
De poulets, de madrigaux.
On attend de vos nouvelles,
Messieurs sans trop les flatter,
Que faut-il leur rapporter ?

AVIS AU LECTEUR.

Le Lecteur est prié d'excuser les négligences qui se trouvent dans cette piéce, attendu qu'elle a été composée, apprise & représentée en six jours.

www.ingramcontent.com/pod-product-compliance
Lightning Source LLC
Chambersburg PA
CBHW060512050426
42451CB00009B/949